Auguste LIMASSET

Réglementation du Vin

DANS LA

PROVINCE DE LANGUEDOC

ET

PARTICULIÈREMENT A ROQUEMAURE

au XVIIe et au XVIIIe siècles

Tu spem reducis mentibus anxiis
Viresque et addis cornua pauperi.
(HORACE, liv. III, ode 16.)

AVIGNON
FRANÇOIS SEGUIN, IMPRIMEUR-ÉDITEUR
13, Rue Bouquerie, 13

1908

RÉGLÉMENTATION DU VIN

DANS LA PROVINCE DE LANGUEDOC

ET

PARTICULIÈREMENT A ROQUEMAURE

AU XVIIᵐˢ ET AU XVIIIᵐˢ SIÈCLES.

Extrait des *Mémoires de l'Académie de Vaucluse*
(tome VIII, année 1908, 3e livraison).

Auguste LIMASSET

Réglementation du Vin

DANS LA

PROVINCE DE LANGUEDOC

ET

PARTICULIÈREMENT A ROQUEMAURE

au XVIIe et au XVIIIe siècles

Tu spem reducis mentibus anxiis
Viresque et addis cornua pauperi.
(HORACE, liv. III, ode 16.)

AVIGNON
FRANÇOIS SEGUIN, IMPRIMEUR-ÉDITEUR
13, Rue Bouquerie, 13

1908

RÉGLEMENTATION DU VIN

DANS LA PROVINCE DE LANGUEDOC

ET

PARTICULIÉREMENT A ROQUEMAURE

AU XVIIme ET AU XVIIIme SIÉCLES [1].

Le sujet de cette étude donnera certainement l'impression qu'elle eût été mieux à sa place dans une autre enceinte, et cependant, je me suis cru autorisé par le dernier terme de notre devise académique (*Arvis*) à la porter devant vous, tout en convenant qu'elle sort un peu du cadre ordinaire de nos travaux.

S'il n'est permis qu'à une élite de vous offrir des œuvres dignes de votre attention par leur valeur scientifique ou littéraire, il ne doit pas être interdit de vous entretenir un moment de « ces vins délicieux mûris sur les côteaux »[2], vantés par les poètes et les philosophes de tous les âges. C'est par eux que sont venus jusqu'à nous les noms des crus antiques de Lesbos, d'Albe, de Cécube, de Falerne, de Calès, de Formies, de Massique et de Surrento, ce dernier célébré à la fois par Ovide[3], Perse[4] et Martial[5].

---

1. Tous les documents cités dans ce travail ont été puisés dans les archives de Roquemaure.

2. André Chénier, *Hymne à la France*.

3. *Et Surrentinos generoso palmite colles*.

4. *Lenia loturo sibi Surrentina rogavit* (Satire III).

5. Martial dit à un faux philosophe : *Surrentina bibis !* Quoi, vous buvez du vin de Surrente !

Aulu-Gelle nous apprend que le divin Platon lui-même aimait à réchauffer de temps en temps son cœur au feu d'un nectar pétillant (*Nuits attiques*, t. II, ch 23).

Le même auteur nous rapporte ces mots d'Anacréon : « Forge-moi, je te prie, dieu des Cyclopes, non pas une armure guerrière, car que m'importent les combats, mais le vase le plus profond que tu pourras. Ne grave à l'entour ni les astres, ni le Charriot, ni le triste Orion ; que me font les Pléiades et la constellation de l'Ourse. Fais

A une époque où la crise viticole sévit comme un véritable fléau sur nos régions méridionales, à la suite de cultures intensives et de la fabrication de mixtures innommables, il n'est peut-être pas sans intérêt de connaître la sollicitude jalouse avec laquelle certaines municipalités du Languedoc s'ingéniaient autrefois à conserver la vieille réputation de leurs vignobles. On verra qu'elles y furent puissamment aidées par les règlements du pouvoir central et par les ordonnances des intendants de la province.

La ville de Roquemaure était grevée de lourdes tailles royales et autres impositions, à cause de la grande quantité de biens nobles qui composaient la meilleure partie de son territoire. Elle n'avait presque pas d'autre ressource, pour s'en acquitter, que le produit de ses vignes très recherché pour sa qualité supérieure ; il était d'un transport facile à cause du voisinage du

qu'une vigne chargée de raisins l'embrasse, qu'on y voie représentés en or des vendangeurs qui foulent les grappes avec le beau Bacchus. l'Amour et Bathyle. » (*Ibid.*, liv. V, ch. I").

Horace fut un des plus fervents admirateurs du divin breuvage. Il en parle ains dans une de ses Odes :

> « Narratur et prisci Catonis
> Sæpè mero caluisse virtus.
> Tu lene tormentum ingenio admoves
> Plerumque duro ; tu sapientium
> Curas et arcanum jocoso
> Consilium retegis Lycæo ;
> Tu spem reducis mentibus anxiis,
> Viresque, et addis cornua pauperi. »
> (Horace, liv. III, ode 16.)

Jean-Jacques Rousseau, ce disciple d'Anacréon et d'Horace, partageait l'idée de Platon sur l'usage modéré du vin et sur la gaieté franche d'une douce orgie. On connaît ces vers adressés à l'abbé Courtin :

> « La vertu du vieux Caton
> Chez les Romains tant prônée,
> Était souvent, nous dit-on,
> De Falerne enluminée.
>
> « Par Sonning rappelé
> Sur ce rivage émaillé,
> Où Neuilly borde la Seine,
> Reviens au vin d'Auvilé
> Mêler les eaux d'Hippocrène. »

Parmi les contemporains, il en est un dont le nom vient de lui-même sous ma plume, parce qu'il naquit au milieu même des cépages dont je vais vous conter l'histoire, et qu'il vécut en commerce constant avec les rayons de soleil emprisonnés dans leurs grappes. M. Cappeau, de Roquemaure, n'était rien moins que l'heureux auteur des paroles de ce Noël d'Adam qui a fait le tour du monde.

Dans une plaquette en langue provençale qu'il publia le 6 janvier 1864, sous ce

Rhône et supportait admirablement le voyage. Aussi les marchands venaient-ils en faire des levées importantes pour Paris, la
Bourgogne, la Flandre, la Hollande et autres pays étrangers. Le
registre du bureau des fermes accusait, pour la seule année 1735,
l'embarquement de plus de 8.000 pièces.

Pour obtenir ce résultat, la communauté s'était fait accorder,
de temps immémorial, le droit d'interdire l'entrée de tout vin qui
n'avait pas été récolté sur son terroir. Cette défense, longtemps
respectée, fut violée dans la suite par des spéculateurs auxquels
l'appât du lucre enlevait tout scrupule. Ils achetaient, dans les
environs, du vin de qualité médiocre, le mêlaient avec celui de
Roquemaure et l'expédiaient sous l'étiquette de ce cru renommé.
Les destinataires reconnurent la fraude et désertèrent ce marché,
au grand dam des propriétaires, qui ne purent plus vendre leur
récolte aux prix rémunérateurs d'autrefois. Il en résulta une telle

titre : *Lou rèi de la favo,* il célébrait, en ces quelques strophes, ce vin du cru qui
avait porté au loin le renom de sa ville natale :

> « Que baume ! que bouquet ! queto raubo dourado !
> Que chale de fioula tant douceto liquour !
> Malur que n'aguen pas proun la gorjo aloungado
>   Per que i'e coule tout lou jour !
>
> « La roso es pas pu douço à la bouco amourouso
> Que, parpaiounejant long d'un poulit jardin,
> I'e poutounejo e bèu, sus si fieuio oudourouso,
>   La fresco perlo dóu matin !
>
> « Aco vous fai reva de plesi d'autre mounde ;
> Aco vous fai brava li maliço dóu sort ;
> Aco vous mes en joio, à n'ave voste abounde,
>   Et plan planeto vous endor ! »

Et le félibre se traduisait ainsi :

> « Quel parfum ! quel bouquet ! quelle robe dorée !
> Quel charme à savourer ce liquide velours !
> Il faudrait une gorge allongée, altérée,
>   Où cela pût couler toujours !
>
> « La rose n'est pas plus douce à la bouche aimante,
> Qui va papillonnant aux sentiers du jardin,
> Et boit, dans un baiser, sur sa feuille odorante.
>   La fraîche perle du matin.
>
> « Cela vous fait rêver des plaisirs d'autre monde,
> Cela vous fait braver les malices du sort,
> Cela vous met au cœur l'ivresse qui l'inonde,
>   Et tout doucement vous endort. »

émotion dans le pays qu'on fut menacé d'un soulèvement populaire.

Les consuls, pour remédier à cette situation, convoquèrent, le 28 octobre 1646, un conseil général de la communauté, composé d'environ cent cinquante personnes, qui délibéra de faire observer rigoureusement les anciennes coutumes.

On permit cependant à ceux qui, domiciliés et capités à Roquemaure, possédaient des vignes dans les terroirs voisins et limitrophes, d'entrer leur vendange jusqu'à la Noël suivante, à la condition expresse de fournir un extrait du compoix de la localité où leurs vignes étaient inscrites, et, chaque année, un certificat de leurs consuls, dont ils devaient au préalable affirmer la sincérité sous serment devant les magistrats municipaux de Roquemaure.

On toléra encore, pour les cas d'inondation, gelée ou tout autre empêchement majeur, le dépôt, dans un magasin, des tonneaux en souffrance que l'on ne pouvait pas embarquer, à la condition d'y être autorisé par le maire, les consuls et le conseil politique qui devaient les faire marquer et en ordonner la sortie dès qu'ils le jugeraient à propos.

Le cas se présenta en 1694 pour le sieur de Bourthon, seigneur de Pujaut. Le mauvais temps retenait sur le port des vins qu'il avait achetés dans les environs. Instruit des règlements en vigueur, il obtint l'autorisation de les loger provisoirement dans un entrepôt de la ville, mais avec l'obligation d'en remettre la clef à une personne désignée par l'autorité municipale.

Dans les années de mauvaise récolte, alors que le vin était rare et cher (il fallait qu'il se vendît plus de seize patas le pichet), on accordait aux habitants le droit d'en entrer par petites quantités dans des « flascons » pour la consommation familiale ; mais pour que cette tolérance ne dégénérât pas en abus, on préposait des gardes aux portes de la ville.

La contravention au règlement était punie d'une amende de cent livres et de la confiscation du vin. On le fit publier à son de trompe à tous les carrefours, afin que personne ne prétendît l'avoir ignoré.

La communauté, désireuse de se maintenir d'une manière plus stable dans la possession de ce droit, se pourvut le 1er septembre 1650 au Conseil du roy, pour en obtenir toutes les patentes et provisions nécessaires à l'effet de l'exercer dans toute sa plénitude. Sur la requête en règlement qu'elle lui présenta, il fut rendu, le 23 janvier 1657, un arrêt qui portait maintien des anciennes coutumes, homologuait la délibération du 28 octobre 1646 et défendait d'y contrevenir sous les peines édictées.

Cet acte, enregistré et publié à Roquemaure, fut sévèrement exécuté, comme le prouvent de nombreux procès-verbaux sanctionnés par des jugements du bureau de police et par deux arrêts du Parlement de Toulouse des 26 août 1705 et 31 novembre 1726 [1].

Une des principales contraventions fut commise en octobre 1698; elle vaut d'être mentionnée d'une manière particulière à cause des questions de compétence qu'elle souleva. Un certain courtier, nommé Exbérard, introduisit nuitamment deux grands tonneaux de vin qu'il avait fait venir de Valiguières. Les consuls avertis allèrent les saisir aussitôt et en confièrent la garde à un séquestre. Le coupable s'excusa publiquement et sollicita l'indulgence de ses juges. Son attitude repentante lui valut la remise de l'amende, mais on ne lui fit pas grâce de la confiscation ; une moitié du vin fut brûlée sur la place publique, en présence du

---

1. En 1692, les consuls, assistés de quelques conseillers, MM. Georges de Granjat, Gⁿ' des Martins, Gⁿ' Chanut et Pierre Cappeau firent faire une exacte recherche de tous les vins étrangers qu'on avait fait entrer dans la ville ou dans son terroir. Ils découvrirent que le sieur Jacquin et la dame de Saint-Jean avaient introduit dans les magasins de Rigaud, notaire aux faubourgs, du vin de Pujaut appartenant à cette dame ; que Simon Bastide avait logé huit tonneaux de vin de Tavel dans le magasin de Machard ; que Jean Castor avait déposé quinze tonneaux de vin de Rochefort dans sa métairie, sise au quartier de Valergues ; que Gⁿ' Serguier en avait aussi apporté plusieurs tonneaux dans sa métairie, sise au même quartier. Après ces constatations, tous les contrevenants furent frappés de procès-verbaux.

Le 13 mai 1708, un procès-verbal fut dressé à demoiselle Gabrielle de Gaillard, veuve du sieur Joseph de Granjat, docteur en médecine.

Le 19 février 1724, introduction et saisie de quatre tonneaux de vin venant de Lirac et déposés dans le bureau du péage appartenant à Mgr le prince de Guise, situé au faubourg et port de Roquemaure et recueillis par André Chomel, fermier du prince.

Le 21 avril 1725, procès-verbal contre Pierre Clerc pour la même contravention et confiscation du vin.

Le 19 novembre 1742, Hyacinthe Combes, conseiller du roy, viguier et maire de Roquemaure, Jacques Hébraye et Pierre Granet, cansuls modernes, dressent procès-verbal à Bernard Bourret, fermier à la métairie de la Bégude du sieur Deleuze, à Saint-Laurent-des-Arbres, pour avoir introduit trois pièces de vin de sa récolte dans le magasin de Charles Bénézet, au port du Rhône. Avec l'assistance d'André Chanut maître de police et de Jacques-François Laurian, greffier, ils font brûler deux des pièces confisquées et envoient la troisième à l'hôpital.

Le 3 novembre 1753, Giraudy, sieur de Grey, conseiller du roy, maire ancien alternatif et mi-triennal en titre de Roquemaure, et Pierre Granet, deuxième consul, dressent procès-verbal à Antoine Cournet pour la même contravention. Avec le concours de MM. Michel-Charles Martin, docteur en médecine, Jean-François Mende, Raymond Durand, Jean-Joseph Villiers, maîtres de police, et de Jacques Lévêque, greffier, ils saisissent le vin qu'il avait introduit en fraude.

peuple assemblé ; l'autre moitié fut distribuée en parties égales aux Pères Récollets, aux religieuses du Verbe Incarné et aux pauvres de la Miséricorde.

Cependant, un an après, poussé par on ne sait quel étrange caprice, Exbérard attaqua la procédure des consuls et les fit assigner, le 16 novembre 1699, devant les officiers royaux de Roquemaure, pour faire réformer la sentence du bureau de police qu'il accusait d'avoir outrepassé ses pouvoirs ; il demandait, en outre, la restitution du vin confisqué. Les consuls furent condamnés, le 15 janvier 1700, à lui en payer la valeur. La communauté, saisie de l'affaire, prit fait et cause pour eux, impétra des lettres royaux en cassation des appointements des premiers juges et poursuivit un arrêt qui consacrât définitivement son privilège. Elle invoquait non seulement l'édit de création des maires et des assesseurs des villes du mois d'août 1690, mais encore l'arrêt du conseil du 5 décembre 1693 qui attribuait formellement aux maires la connaissance des matières de police avec l'assistance des assesseurs et du conseil politique et la refusait expressément aux officiers royaux et bannerets des mêmes villes.

Le Parlement de Toulouse, après avoir retenu la cause pendant près de six ans, rendit, le 1er août 1705, un arrêt favorable à la communauté, faisant défense à tous de contrevenir à ses délibérations, parce qu'il estima que ce fait de police était de la compétence, des consuls en première instance, et, en appel, du Parlement, comme juge ordinaire et du ressort ; il observa, cependant, qu'il ne fallait pas brûler le vin confisqué, pour ne pas en rendre la restitution impossible, en cas d'acquittement de l'inculpé.

Une des rares infractions que l'on eut à réprimer dans la suite fut commise par M. Chanut, lieutenant de juge, le 30 octobre 1736. Comme c'était un contrevenant de marque, les magistrats municipaux se rendirent de leur personne à son domicile, revêtus de leur livrée consulaire, pour lui dresser procès-verbal.

Par un arrêt de l'année 1732, rendu à la poursuite du syndic général de la province, sur la délibération des États du 6 janvier 1732, le Conseil d'État prescrivit aux villes de Languedoc qui prétendaient avoir le droit d'interdire l'entrée des vins étrangers, de produire leurs titres devant Mgr de Bernage, intendant, au plus tard dans les trois mois. Celui-ci devait les consigner dans un rapport accompagné de son avis motivé, et envoyer le tout à Sa Majesté pour être statué définitivement par elle.

Dès que la communauté en eut connaissance, elle présenta l'arrêt de 1657 dont l'intendant autorisa l'exécution provisoire. Le roi prescrivit l'homologation des délibérations précédentes et fit de nouveau défense à tous d'introduire dans la ville et les faubourgs ni vendange, ni vins étrangers, sous peine de confiscation des tonneaux et de leur contenu, même des charrettes ou bêtes qui les porteraient à dos, et de cent livres d'amende.

On vécut sous ce régime jusqu'en 1757. Le 10 mai de cette année, un arrêt du conseil désigna les villes de Languedoc qui pouvaient se prévaloir de ce privilège. Roquemaure n'y était pas mentionnée ; il n'y était même pas question des divers titres qu'elle avait produits comme preuve de sa possession immémoriale, pas plus que de l'arrêt de 1657. Comme cette omission était de nature à porter un grave préjudice aux habitants, il fut adressé une réclamation, à la suite de laquelle cet oubli fut réparé.

La communauté ne se contentait pas de rejeter systématiquement les demandes de faux certificats d'origine qu'on ne cessait de lui adresser en faveur des vins étrangers, elle se faisait encore dénoncer tous ceux qui se rendaient coupables de s'en servir.

En 1748, un négociant anglais du nom de Pauwers, en résidence depuis quelques années à Châteauneuf-du-Pape, pria les consuls d'affirmer que les vins expédiés par lui de cette localité provenaient de Roquemaure ; ils s'y refusèrent énergiquement, parce qu'en dehors de son caractère mensonger, cette attestation devait nuire au vin du cru en faveur de celui de Châteauneuf, reconnu bien inférieur, à cause de son goût de terroir, qu'on ne pouvait pas reprocher à l'autre.

Toujours pour le même motif, la communauté faisait exécuter sévèrement un arrêt du Conseil du 5 juin 1731 qui interdisait toute nouvelle plantation de vigne dans les provinces et généralités du royaume et le rétablissement de celles qui seraient restées deux ans sans culture, sans une permission expresse de Sa Majesté. La sanction était une amende trois mille livres. Et pour prouver que cet arrêt n'était pas lettre morte, Jean Le Nain, intendant du Languedoc, infligea cette peine en 1747 à vingt-cinq particuliers de Villeneuve, dans le diocèse de Saint-Papoul, pour y avoir contrevenu ; il leur signifia, en outre, d'arracher les vignes plantées, à leurs frais et dépens, dans un délai de trois jours. Il punit de même, en 1750, un habitant du diocèse de Narbonne, attribua le produit de l'amende moitié au roi, moitié à l'hôpital de la ville, et le condamna, de plus, au coût de l'impression de son ordonnance.

Le même intendant, par une autre décision, en date du 21 mars 1748, faisait défense expresse de fumer les vignes : « Les vins que produisent les vignes fumées, y était-il dit, sont d'une mauvaise qualité, ce qui ne peut jamais être compensé par la plus grande quantité qu'on en recueille, puisqu'ils ne sont plus recherchés et que le commerce qu'on en fait, d'un lieu à un autre, même avec l'étranger, ne peut qu'en souffrir considérablement. » Il prononçait une amende de 5o livres pour chaque vigne fumée et du double en cas de récidive.

La communauté avait encore le soin de nommer des experts pour surveiller la maturité des raisins et fixer l'époque des vendanges. Il fallait attendre le dépôt de leur rapport et la publication du ban pour procéder à l'enlèvement de la récolte.

Comme complément à toutes ces mesures et pour ne rien négliger de ce qui pouvait concourir au but que l'on voulait atteindre, on s'était occupé aussi de la réglementation des tonneaux.

Le Conseil d'État, prévenant les consuls, avait, par son arrêt du 27 septembre 1729, édicté les prescriptions suivantes :

ARRÊT DU 27 SEPTEMBRE 1729.

Il est nécessaire de prescrire la manière de faire, de fabriquer et d'éprouver les vins qui se recueillent et les eaux-de-vie qui se fabriquent en Languedoc, de fixer la contenance des tonneaux servant à les renfermer et de prendre les mesures convenables pour assurer la fidélité de ce commerce. Le roi en son conseil a ordonné :

ARTICLE 1ᵉʳ. — Les tonneaux fabriqués en Languedoc, destinés à renfermer les vins, seront faits de bon bois de châtaignier ou de chêne bien sec et d'une bonne épaisseur et seront reliés avec des cercles de bois de châtaignier.

ARTICLE 2. — Ces tonneaux contiendront, savoir : les deux tiers de muid¹ ou douzains, 60 verges ; le tiers de muid, 3o verges ; le quart de muid, 22 verges et demie ; et le sixième de muid, 15 verges.

Article 3. — Il est défendu aux propriétaires ou possesseurs de

---

1. Cette mesure de capacité variait suivant les provinces. Le muid de Languedoc contenait 442 litres ; celui du Roussillon, 472 : celui de Montpellier, 73o ; celui de Cahors, 296.

vignes de mettre ou laisser mettre des grains de raisin, de l'eau ou autre liqueur ou matière dans les tonneaux de vin, ni de commettre aucune fraude qui puisse le gâter, sous peine des dommages intérêts que les acheteurs en pourront soufïrir.

Article 4. — Les propriétaires ou possesseurs de vignes qui feront des vins blancs ou des vins muscats, devront les passer au travers d'un tamis, à mesure qu'ils feront les dits vins.

Article 5. — Les tonneaux seront marqués, dans le milieu de l'un des fonds, d'une marque à feu contenant le nom tout au long du tonnelier qui les aura fabriqués.

Article 6.— Les tonneaux pour les eaux-de-vie ne seront qu'en bois de chêne bien sec et d'une bonne épaisseur et reliés avec des cercles de bois de châtaignier d'une grosseur proportionnée à la grandeur du tonneau qui ne pourra contenir plus de 60 verges.

Article 7. — Ces tonneaux seront aussi marqués, dans le milieu des fonds, d'une marque à feu contenant le nom tout au long tant du tonnelier qui les aura fabriqués que du brûleur ou marchand d'eau-de-vie qui les aura fait fabriquer, et, outre les dites marques, il sera mis en chiffres au dessous des dits noms, aussi avec une marque à feu, le nombre de verges que contiendront les tonneaux d'eau-de-vie.

Article 8. — Tous les tonneaux de vin et eau-de-vie seront d'une longueur égale et d'une grosseur proportionnée, sans être rehaussés à l'endroit de la bonde, ni enfoncés à l'endroit opposé, ni aplatis sur les côtés. Le trou de la bonde aura, au moins, un pouce de diamètre; la douve de la bonde ne sera point creusée intérieurement autour de la bonde, ni aucune douve ne sera creusée intérieurement à l'endroit des fonds, et ces tonneaux seront porte-foncés.

Article 9. — Les verges dont on se servira pour jauger les tonneaux de vin et eau-de-vie seront conformes à la verge de Bordeaux et marquées par le maître-jaugeur de Montpellier.

Article 10. — Ceux qui vendront les eaux-de-vie seront responsables envers les acheteurs des dommages qui leur seront causés et de leur mauvaise qualité, jusqu'à ce qu'elles aient été livrées aux acheteurs dans les lieux où elles seront envoyées pour être embarquées. Quand même ils les auraient agréées dans les magasins des vendeurs, les acheteurs pourront les faire vérifier, à leur arrivée dans les dits lieux, avant qu'elles soient embarquées.

Article 11. — Les tonneaux qui, à partir du 1ᵉʳ juillet prochain, seront mis en vente ou autrement mis dans le commerce, sans être conformes au présent arrêt, seront saisis et confisqués, et celui sur qui la saisie aura été faite, condamné, à savoir, cent livres d'amende pour chaque tonneau de vin et pour chaque contravention, sauf son recours contre celui qui lui aura vendu les tonneaux, lequel aura son recours contre celui qui les aura fabriqués ou fait fabriquer, suivant la nature de la contravention.

ARTICLE 12. — Par les Etats du Languedoc, il sera établi un inspecteur qui vérifiera la qualité de tous les vins, esprits-de-vin et eaux-de-vie envoyés dans les ports de Cette, de Béziers et de Beaucaire pour y être embarqués pour l'étranger ou pour Lyon, Bordeaux et autres villes du royaume, fera l'épreuve de la qualité des vins, esprits-de-vin et eaux-de-vie, saisira ceux qui n'auront pas les qualités requises et les futailles qui ne seront pas conformes au présent arrêt, dressera des procès-verbaux et poursuivra les contrevenants, de quelque qualité et condition qu'ils soient, et en quelque lieu qu'ils habitent, par devant les juges et consuls de Montpellier.

ARTICLE 13. — L'épreuve de l'esprit-de-vin se fera en mettant un peu de poudre à canon dans une cuiller qui sera ensuite remplie d'esprit-de-vin, et si, après y avoir mis le feu, le tout se consomme, en sorte que la cuiller reste nette et sans aucune humidité, l'esprit-de-vin sera de bonne qualité. Cette épreuve pourra se faire aussi en remplissant d'esprit-de-vin la moitié d'un verre ordinaire, et si, en y faisant tomber une goutte d'huile d'olive, elle se précipite à l'instant au fond du verre, l'esprit-de-vin sera de bonne recette, et, à l'égard de l'épreuve du vin et de l'eau-de-vie, elle se fera en la manière accoutumée.

ARTICLE 14. — Tous les tonneaux d'esprit-de-vin, de vin et d'eau-de-vie qui auront été trouvés par l'inspecteur de bonne qualité et de recette, seront par lui marqués avec une marque à feu aux armes de la province du Languedoc.

ARTICLE 15. — Les contestations qui pourront naitre sur l'exécution du présent arrêt seront portées devant les juges et consuls de Montpellier, etc.

La communauté avait réclamé contre certaines de ces dispositions, dont l'exécution lui paraissait difficile à Roquemaure. Le roi, pour lui donner satisfaction, rendit en 1737 un autre arrêt qui codifiait pour ainsi dire la matière et portait ce qui suit :

ARRÊT DE 1737.

Le Roi, après avoir homologué les délibérations du Conseil général de Roquemaure des 6 août 1693 et 10 septembre 1737 en ce qu'elles sont conformes aux dispositions ci-après, a ordonné :

ARTICLE 1er. — L'arrêt du Conseil du 23 janvier 1657 sera exécuté selon sa forme et teneur. Il est fait de nouveau inhibition à tous d'entrer, dans la ville et ses faubourgs et son terroir, aucun vin ni aucune vendange étrangers pour en faire du vin dans la ville et son terroir, à peine de confiscation du vin, des tonneaux et de la vendange ainsi que de la charrette et des bêtes à dos qui la porteront, et de 100 livres d'amende.

ARTICLE 2. — Il ne sera permis à aucun habitant, négociant ou autre de faire encaver ni emmaganiser, à Roquemaure, aucun vin étranger qui sera porté sur le port du Rhône, sous aucun prétexte ; néanmoins, lors de quelque accident, comme des inondadations du Rhône, glaces, etc., ils pourront les faire emmagasiner après en avoir obtenu la permission du maire, consuls et conseil politique qui les feront marquer pour les faire sortir en temps opportun.

ARTICLE 3. — Pour obvier aux abus qui peuvent se commettre en faisant passer les vins des mauvais crus pour ceux du véritable bon cru, tous les tonneaux de vin destinés pour la vente et transport du cru, tant de Roquemaure que des lieux et paroisses voisins et contigus de Tavel, Lirac, Saint-Laurent-des-Arbres, Saint-Geniez-de-Comolas, Orsan, Chusclan, Codolet et autres qui sont d'une qualité supérieure, seront marqués sur l'un des fonds, étant pleins et non autrement, d'une marque à feu qui contiendra les trois lettres C D R, signifiant Côtes du Rhône, avec le millième de l'année que la dite marque sera apposée, qui sera changée chaque année, et, pour les tonneaux de vidange, la marque en sera effacée et enlevée par ceux qui les auront en leur pouvoir, pour être marqués de l'année où ils seront remplis de nouveau. (Il conviendrait même mieux, pour empêcher la fraude, que chaque paroisse marquât de sa marque particulière qui contiendrait tout au long le nom de la paroisse.)

ARTICLE 4. — Les personnes qui seront préposées pour faire l'empreinte de la marque seront nommées, chacune, par délibération des lieux où ils seront destinés, et prêteront serment par devant les officiers ordinaires des lieux et ne pourront marquer que ceux des paroisses où ils seront établis, dont ils tiendront chacun un registre qui sera paraphé et signé gratis par les maire et consuls de chaque lieu, à peine de 100 livres d'amende, pour chaque tonneau, envers la communauté auprès de laquelle ils seront préposés. Ce qui sera fait dans la quinzaine après la publication de la vendange et le registre tenu sera remis au greffe de chaque communauté.

ARTICLE 5. — Aucun jaugeur ne pourra jauger aucun tonneau sur le port ni ailleurs dans les susdites paroisses, pour être embarqué, sans qu'il ne lui apparaisse de la marque, à peine de 5 livres d'amende pour chaque tonneau au profit de l'hôpital de Roquemaure.

ARTICLE 6. — Fait Sa Majesté inhibition et défense à toutes personnes de porter ou faire porter et débarquer dans l'étendue des dites paroisses de Roquemaure, Tavel, etc., et autres situées sur le Rhône, depuis le Saint-Esprit jusques à Villeneuve exclusivement, aucuns tonneaux qui ne soient marqués d'une marque à feu particulière contenant le nom du lieu où ils auront été recueillis, et, en cas de contravention, toutes personnes pourront saisir dans les susdites paroisses les tonneaux qui ne seront point marqués comme dessus, le tout à peine de confiscation du vin, des tonneaux, chevaux et charrettes qui les conduiront, et de cent livres d'amende applicable la moitié au dénonciateur et l'autre moitié à l'hôpital de Roquemaure.

ARTICLE 7. — Et quant à la fabrique et jauge des tonneaux, Sa Majesté, en interprétant l'article 2 de l'arrêt du Conseil du 20 septembre 1729, permet aux habitants de la contrée de la côte du Rhône d'user, comme par le passé, des tonneaux de châtaignier et de chêne de 4 à 5 et de 9 à 10 barraux, en observant toutefois qu'ils soient de bon bois de recette, bien sec, non vermoulu, d'une bonne épaisseur et bien reliés, conformément au dit arrêt, qui sera au surplus exécuté selon sa forme et teneur. Ordonne Sa Majesté que le présent arrêt sera publié et affiché partout où besoin sera, même enregistré au greffe des dites communautés et paroisses de la côte du Rhône, et seront pour l'exécution d'iceluy toutes lettres nécessaires expédiées si besoin est.

Cette même année 1737, on publia une nouvelle Instruction sur la fabrique des tonneaux, ainsi conçue :

INSTRUCTION SUR LA FABRIQUE DES TONNEAUX POUR LA COMMUNAUTÉ DE ROQUEMAURE.

1737.

Les tonneliers de la province de Languedoc sont si accoutumés à se servir de mauvais bois pour la construction des futailles, à faire des tonneaux si difformes et si défectueux, et, par conséquent, en contravention au règlement du 24 septembre 1729 et à l'ordonnance de Mgr l'intendant du 4 août 1731, qu'on a cru devoir leur donner la présente Instruction, afin qu'ils aient à s'y conformer, s'ils veulent éviter l'amende, la confiscation et l'incendie de leurs tonneaux.

La plupart des tonneliers se servent de bois vert et piqué des vers, ce qui est cause que le vin prend goût d'afust, et occasionne des coulages considérables ; les rabotages en sont même très dispendieux, ce qui augmente considérablement le prix du vin et cause une grosse perte aux négociants.

Espèces différentes de tonneaux.

Les tonneaux renfermant du vin doivent être d'un bois de châtaignier bien sec, d'une égale contenance suivant l'espèce, c'est-à-dire que les muids doivent contenir 90 verges, les demi-muids 45, les tierceiroles ou tiers de muid 30, les douzains ou quarts de muid, 22 verges et demie, et les sixains ou sixièmes de muid, 15 verges. Cependant, la plupart des tonneaux qu'on construit ne sont point de cette jauge et cela porte un grand préjudice au commerce et occasionne souvent des procès entre les marchands, les fabricants et les tonneliers.

Tonneliers de Roquemaure et de la côte du Rhône.

La plupart des futailles qui viennent du côté de Roquemaure ou de la côte du Rhône sont difformes, défectueuses, construites avec un mauvais bois et piquées de vers ; leur contenance n'est point égale. Les barriques appelées douzains qui devraient contenir 60 verges ou 8 barraux, n'en contiennent quelquefois que 54 ou 55, environ 7 barraux ou 7 1/2; d'autres contiennent 9 barraux ou 64 et même 67 verges, et les demi-barriques ont la même irrégularité, ce qui préjudicie beaucoup au commerce, parce que, dans certains pays ' angers, ces barriques, quand elles sont de 9 barraux o environ, ne se vendent que pour

2 tiers de muid, et les demi-barriques de 4 barraux et demi ou de 5 barraux, que pour un tiers de muid, quoiqu'elles contiennent davantage. Il faut faire cesser cet abus. De plus, elles sont si mal fabriquées que les rabotages coûtent cher, causant une grosse perte aux négociants et un retard énorme au commerce dont le profit dépend ordinairement de la diligence que l'on apporte dans les expéditions. Ainsi, les tonneliers de la côte du Rhône, de Roquemaure, et ceux qui sont de la dépendance de la province, doivent ne faire que deux sortes de futailles qui soient des douzains de 60 verges ou de 8 barraux et des tierceiroles ou demi-douzaines de 30 verges ou de 4 barraux, et n'employer que de bon bois de chêne ou de châtaignier bien sec.

Le commerce des vins du côté de Roquemaure, Lirac, Tavel, Chusclan, Saint-Geniez, Saint-Laurent et autres côtes du Rhône est trop considérable pour ne pas fabriquer de bons tonneaux pour loger les vins. On ne se servait autrefois que de tonneaux de châtaignier fabriqués dans le Vivarais et les Cévennes ; leur mauvaise qualité a obligé les gros propriétaires de vignobles d'en faire venir de Lyon et de Bourgogne, en bois de chêne et la moitié plus chers, mais ce bois donne aux vins une bonne qualité.

Les tonneliers ne doivent se servir des douelles de chêne du Vivarais qu'autant qu'elles sont bien préparées, autrement cela donne un goût désagréable au vin.

Un abus à Roquemaure ou dans les environs, c'est qu'il n'y a point de jauge assurée pour la contenance des tonneaux, ce qui occasionne des discussions pour le mesurage, ce qui n'arrivera pas lorsque les tonneliers se serviront d'une matrice pour la construction de leurs futailles, comme cela se pratique dans les Cévennes et dans d'autres endroits de la province où l'on fabrique des tonneaux, et qu'on en déposera une à l'hôtel de ville de Roquemaure et autres lieux, pour y jauger tous les tonneaux mis en vente, afin qu'ils ne soient que de 8 barraux les gros et de 4 barraux les petits.

Les tonneliers des Cévennes et du Vivarais n'emploient ordinairement pour les futailles de la côte du Rhône que des bois de châtaignier qui sont morts sur la plante ou gâtés, les douelles en sont vermoulues et d'un bois passé ; ils emploient aussi du bois vert qu'ils font sécher au four, ce qui donne un mauvais goût au vin. Ils ont beau mettre des milliers de clous ou de chevilles ; il s'ouvre des trous, à chaque moment, quand les tonneaux sont pleins et se trouvent vides au fond des vaisseaux à leur arrivée ; les marchands s'y ruinent et cela causerait la destruction du commerce, si l'on n'y remédiait.

Pour tous les tonneliers de la province.

Pour obvier à tous ces inconvénients, il faut que les tonneliers: dans la construction de leurs futailles, règlent les différentes proportions qu'elles doivent avoir pour les faire d'une égale jauge. Pour cet effet, il faut que dans la matrice dont ils se serviront, les longueurs et les différentes grosseurs de chaque barrique soient marquées et qu'il ne soit permis à aucun tonnelier de la province et de la côte du Rhône de fabriquer des tonneaux sans être pourvus d'une semblable mesure, et il faut qu'ils soient punis et amendés lorsqu'ils y manqueront.

Les tonneliers pourront continuer à construire des futailles appelées sixains, contenant 15 verges. Quant aux cercles, il faut que ceux qui en ont ne fassent couper leurs cerclières qu'autant qu'elles ont au moins sept années de plantation et en lune vieille.

Il faut encore que les tonneliers fassent donner un grand pouce de diamètre au-dessus du jable, pour éviter que les douelles ne se cassent et ne se peignent. Il faut enfin que les tonneliers mettent leur marque à feu tout au long sur un des fonds, sans quoi leurs futailles seront saisies et arrêtées et les fabricants condamnés à l'amende et à l'incendie de leurs futailles, ainsi que lorsqu'elles n'auront pas toutes les conditions prescrites dans cette Instruction.

Tonneaux servant à renfermer les eaux-de-vie.

Ces tonneaux doivent être en bois de chêne bien sec, bien cerclés et bien porte-foncés. Par ce moyen, l'eau-de-vie ne prendra pas un goût de bois aussi insupportable que celui que donnerait une futaille construite avec du bois vert qui n'est pas purgé de sa sève.

Les tonneliers font la fraude de rehausser la douelle de la bonde et de la parer extraordinairement, et d'autres qui sont défendues par l'article 8 du règlement. Quelques-uns parent extraordinairement les douelles au-dessus du jable, pour les rendre plus minces, afin qu'elles donnent plus de vergeage aux tonneaux ; d'où il résulte que la futaille n'ayant pas, au jable, l'épaisseur qu'elle doit avoir, les douelles cassent facilement à cette extrémité et causent de grands coulages, de gros frais de radoub et souvent la perte entière des eaux-de-vie. Autre fraude : les tonneliers emploient des douelles plus minces les unes que les autres, **surtout dans la Vaunage et à Béziers.**

Les tonneliers, outre la présente Instruction, auront soin de se conformer à l'arrêt du conseil du 27 septembre 1729, servant de règlement pour la fabrique des tonneaux et pour les vins et eaux-de-vie, et à l'ordonnance de Mgr de Saint-Maurice, intendant de la province, du 4 août 1731, réglant la fabrique des tonneaux.

Ont signé les députés de la Chambre de commerce, et permis d'imprimer par M. de Bernage, intendant du Languedoc.

Nota. Le pichet pèse 2 l. 3/4, le pot qui est le double 5 l, 1/2. Le barral était composé de 24 pots ou 48 pichets pesant 132 l.

Observations sur l'Instruction envoyée sur la côte du Rhône pour parvenir a un Règlement sur la fabrique des tonneaux et la vente des vins et pour remédier aux abus.

Il faudrait, pour obliger les habitants à ne pas acheter des tonneaux défectueux aux tonneliers qui habitent les montagnes du Vivarais et sans les avoir fait vérifier, les condamner à cent sols d'amende pour chaque tonneau trouvé entre leurs mains piqué des vers ou avec des douelles de chêne du Vivarais, d'un bois trop vert ou passé au four, et en rendre l'inspecteur responsable, sauf, aux uns et aux autres, leur recours contre les tonneliers ou ceux qui leur auraient vendu le bois. L'inspecteur serait nommé par chaque communauté de la côte du Rhône.

Il ne faut permettre de faire des certificats de jauge qu'à ceux qui auront prêté serment en justice et fait vérifier le bâton dont ils se servent sur la matrice conservée dans l'hôtel de ville de Roquemaure, de façon que la mesure soit la même pour tous les lieux de la côte du Rhône. Il ne sera fait que des tonneaux de 8 et de 4 barraux ; mais 1° les tonneliers du Vivarais ne sauraient en fabriquer avec cette justesse ; 2° faute de tonneaux de châtaignier ou pour conserver les marchands, on se sert de tonneaux de chêne qu'on fait descendre de Lyon, quoique beaucoup plus chers, et surtout des demi-pièces appelées Lyonnaises, parce qu'elles sont plus aisées à voiturer et à placer dans les caves de Paris. On ne peut les faire fabriquer de 4 barraux parce que les règlements de Lyon veulent qu'on les fasse de 2 asnées et 1/2, ce qui va autour de 5 barraux, et les grands, 5 asnées, attendu qu'en Bourgogne on vend le vin à queue contenant 5 asnées. Ce qui fait que les marchands de vin de Bourgogne qui prennent beau-

coup de vins de la côte du Rhône veulent des tonneaux de cette
mesure pour les faire passer à l'étranger, en les vendant à tant
la queue ; 3° ils ont un autre intérêt à ce que les tonneaux contiennent plus de 8 ou 4 barraux, de même que les marchands de
Paris, parce que 2 demi-pièces qui contiennent 10 barraux ne leur
coûtent pas plus de voiture que si elles n'en contenaient que 8,
à cause des péages et autres droits qui se paient par pièces. Il ne
leur en coûte pas davantage pour les reliages, commissions et
autres frais, et, comme ceux de la voiture sont le principal objet,
puisqu'elle coûte souvent pour Paris trois et quatre fois plus que
le prix du vin, ils y perdraient beaucoup et le commerce des vins
en souffrirait ; 4° on ne pourrait opposer que l'on pourrait remplir
pour Paris ou pour la Bourgogne les demi-pièces de 5 barraux et
celles de 4 barraux pour Cette ou pour Bordeaux ; cela ne peut
pas être, parce que les marchands n'achètent les vins que lorsque les tonneaux sont pleins, et la destination n'est fixée qu'alors,
de sorte que l'habitant ne peut savoir si son vin remontera
ou descendra le Rhône ; 5° les tonneaux qui se sont vidés dans
les caves sont aussitôt défoncés, et, après qu'on les a reliés une
autre année, ils se resserrent de plus d'un quart de barral et ne
pourraient plus être d'usage ; 6° les frais de descente des tonneaux
de Lyon ne sont pas plus forts pour les tonneaux de 5 barraux
que pour ceux de 4 ; ils sont de 6 livres pour les grands tonneaux
et de 3 pour la demi-pièce ; 7° plusieurs marchands de Hollande,
Flandres, pays de Liège, etc., demandent des tonneaux de 10 et
5 barraux, et c'est dans tous les pays où ils se servent des vins
de cette côte pour mêler avec les autres vins, et surtout les Bour-
guignons qui les achètent pour donner du corps à leurs vins et
de la maturité, surtout dans les années de verdeur.

Il est nécessaire qu'on fasse une différence des bons crus avec
les autres, en y mettant une marque à feu comme on fait à Fron-
tignan. Il est notoire que les bons crus sont Roquemaure, Saint-
Geniez, Lirac, Tavel, Chusclan, Montfaucon, Orsan, Codolet et
Saint-Laurent. Leur qualité s'augmente par le transport et ils
sont de très bonne garde ; aussi se vendent-ils toujours beaucoup au-dessus de ceux des autres lieux voisins dont les vins
sont d'une qualité moindre et ne peuvent supporter le transport.
Cependant, l'appât du gain les fait vendre souvent pour des vins
de bons crus, ce qui est très capable de faire perdre la réputation de ces derniers et de ruiner les marchands étrangers.

Il faudrait que l'on mit une marque à feu sur le fond de chaque tonneau des paroisses de Roquemaure et autres crus précités, qui porterait ces trois lettres C. D. R. et le millième. La personne préposée serait tenue de mettre cette marque dans les caves avant de les en sortir et avoir la possibilité de les jauger. Il faudrait défendre de faire porter dans l'étendue des dites paroisses situées sur le Rhône, depuis Saint-Étienne-des-Sorts jusqu'à Villeneuve, des tonneaux qui ne seraient pas marqués de la marque particulière contenant le nom du lieu d'où ils viennent, autre que ceux ci-dessus nommés, de façon que toute personne ait la faculté de saisir, dans les susdites paroisses et sur leur port, les tonneaux qui ne seraient pas marqués comme ci-dessus, ou de la marque de la côte du Rhône, s'ils en sont, ou de la marque de chacun des autres lieux dont les vins ne sont pas de la même qualité, à peine de confiscation du vin, des tonneaux, des chevaux et charrettes qui les transporteraient, et d'une amende applicable, le tiers au dénonciateur, le tiers à l'hôpital de Roquemaure, et l'autre tiers aux pauvres de la ville. L'arrêt porterait défense de contrefaire les marques sous peine de faux. Les contraventions au règlement seraient jugées par les juges-consuls de Montpellier.

Ce règlement, rédigé par des députés de la Chambre de commerce, fut contresigné par l'intendant.

Malgré tous ces textes, le jaugeage des vins de la côte du Rhône, depuis Chusclan jusqu'à Roquemaure, se faisait avec peu d'ordre et d'exactitude ; ceux qui y procédaient n'étaient ni commis à cette fonction, ni assermentés ; ils se servaient de bâtons de jauge qui ne portaient pas la marque réglementaire et qui ne donnaient pas tous la même mesure, ce qui était très préjudiciable au commerce de vins de cette contrée. L'intendant dut rendre, le 10 décembre, une nouvelle ordonnance qui portait :

Vu les mémoires et avis du sieur Combes, notre subdélégué à Roquemaure, et de l'inspecteur des vins et eaux-de-vie de cette province, nous avons ordonné ce qui suit :

Article Ier. — Les verges, à l'avenir, seront conformes à la verge de Bordeaux et seront marquées par le maître jaugeur de Montpellier.

Article 2. — Il sera déposé dans l'Hôtel de ville de Roquemaure une verge-matrice dont l'épreuve aura été faite à Montpellier, en présence des maire et consuls de la ville qui en donneront leur certificat, et sera, la dite verge, marquée aux armes de Montpellier et de Roquemaure.

ARTICLE 3. — Les maire et consuls de Roquemaure devront se pourvoir à Montpellier d'un nombre suffisant de bâtons de jauge, du même genre, pour être remis à ceux qui seront établis pour jauger les vins et eaux-de-vie de Roquemaure et dans les lieux précités.

ARTICLE 4. — Il est défendu à toute personne de s'établir jaugeur, si elle n'a pas été autorisée, dans le lieu de son établissement, par une délibération des habitants qui leur tiendra lieu de commission pour trois ans, après lesquels ils devront se faire autoriser de nouveau par autre délibération, sans préjudice de destitution, s'il y a lieu, avant le terme de trois ans.

ARTICLE 5. — Les particuliers ainsi autorisés prêteront serment devant l'officier qui aura présidé en l'assemblée, et le procès-verbal couché à la suite de la délibération par le greffier.

ARTICLE 6. -- Les particuliers ne pourront jauger que dans les lieux où ils auront été autorisés.

ARTICLE 7. — Ils ne pourront se servir d'autre jauge que de celle qui leur sera remise par les maire et consuls de Roquemaure en la manière portée en l'article 3.

ARTICLE 8. — Ils ne pourront exiger que 2 sols 6 deniers pour le jaugeage de chaque tonneau de vin, payables moitié par le vendeur, moitié par l'acheteur, ou comme il sera convenu entre eux.

ARTICLE 9. — Les particuliers, préposés au jaugeage qui contreviendront au présent règlement ne pourront plus exercer ces fonctions à l'avenir, sous quelque prétexte que ce soit, et seront condamnés à cent francs d'amende.

ARTICLE 10. -- Les maire et consuls sont chargés de l'exécution du présent règlement et de dresser les contraventions.

Fait à Montpellier, le 10 décembre 1744. *Signé :* LE NAIN.

En 1751, un différend s'éleva entre certains commissionnaires en vins et la communauté de Roquemaure au sujet de certificats d'origine que celle-ci leur refusait. Les commissionnaires s'adressèrent à l'intendant pour le prier d'obliger les maire et consuls à leur délivrer des attestations portant que les vins qu'ils expédiaient à Bordeaux provenaient du cru de Roquemaure. Ceux-ci répondirent par une requête concluant à l'exécution du règlement de police en vigueur dans la communauté et à l'obligation, par les commissionnaires, de requérir des magistrats municipaux, avant tout déplacement et embarquement, des certificats constatant que les vins expédiés étaient réellement du cru de Roquemaure.

Ce conflit donna lieu à une dernière ordonnance de l'intendant, en date du 29 novembre 1751. Elle avait pour titre : *Ordonnance contenant règlement sur les certificats qui doivent être pris des maire et consuls de Roquemaure pour le transport des vins du terroir de cette ville et de la côte du Rhône en Languedoc qui y sont destinés pour la ville de Bordeaux.*

En voici le texte :

Vu les requêtes respectives à nous présentées par les marchands commissionnaires de vins de Roquemaure d'une part, les sieurs Michel de Laurent, chevalier d'Oiselay, baron du Saint-Empire, et Joseph Chambon, syndics des habitants de Roquemaure, nommés par la délibération prise à cet effet, d'autre part, et les maire et consuls encore d'autre part, savoir celle des marchands commissionnaires tendant à ce que les dits maire et consuls fussent tenus de leur délivrer des certificats portant que les vins de leurs envois à Bordeaux sont du cru et terroir du dit Roquemaure, sous la soumission faite par les dits commissionnaires de rapporter aux dits maire et consuls, avant que de délivrer leurs certificats, ceux des jaugeurs jurés qui auront marqué les dits vins dans la cave des vendeurs, et ce, sans retard ni délai, à peine de mille livres d'amende et de tous dépens, dommages et intérêts ; la requête présentée par les dits maire et consuls employée pour réponse à celle des dits commissionnaires, tendant à ce que, sans avoir égard à la précédente requête, il nous plût ordonner l'exécution du règlement de police observé dans la dite communauté ; en conséquence, que les dits commissionnaires seraient tenus de requérir des certificats des maire et consuls pour attester que les dits vins sont du cru de Roquemaure, avant qu'ils soient déplacés et embarqués sur le Rhône, et, à faute par eux de ce faire, qu'ils soient déclarés non recevables à requérir les dits certificats, sur la foi de ceux des jaugeurs ; la requête des dits syndics des habitants, tendant à ce qu'il nous plût les recevoir parties intervenantes en l'instance pendante par devers nous, entre les dits marchands commissionnaires et les dits maire et consuls ; ce faisant, ordonner que ces derniers seraient tenus d'expédier les dits certificats, tant aux dits habitants qu'aux marchands commissionnaires, sur le vu des certificats des jaugeurs, et les condamner aux dépens, etc. Attendu qu'il s'agit d'un fait de police qui intéresse la réputation des vins de la côte du Rhône et du cru de Roquemaure ; vu la délibération de la communauté de Roquemaure du 10 septembre 1737, disant qu'on ne saurait prendre trop de précautions pour conserver la réputation de ces vins et attirer, par là, la confiance de l'étranger ; qu'il arrive néanmoins que ceux du lieu qui en font commerce s'avisent, par l'appât du gain, d'en prendre, hors le cru, d'une qualité très inférieure et de les revendre comme vins du Rhône aux marchands étrangers, ce qui fait tort au commerce et préjudicie infiniment à la communauté ; vu la requête des commissionnaires exposant que, par une transaction passée entre la province du Languedoc et la ville de Bordeaux, il est stipulé « que tous les vins du Languedoc seront exempts, en entrant à Bordeaux, de certains droits auxquels les vins des autres provinces sont assujettis ; qu'à l'effet de jouir de cette exemption, les marchands ou les conducteurs des vins seront tenus de rapporter un certificat des maire et des consuls des villes et lieux où les vins ont été achetés, pour constater qu'ils sont du cru du Languedoc » ;

Nous, sans avoir égard à la requête des commissionnaires, ni à l'intervention des syndics des habitants, dont nous les avons déboutés, déclarons que, faute par eux d'avoir requis les certificats des maire et consuls avant le déplacement des vins du port de Roquemaure, les maire et consuls ont pu et dû refuser les dits certificats,

Ordonnons qu'à l'avenir tous marchands et commissionnaires de vins du dit lieu de Roquemaure ne pourront faire transporter aucuns vins du cru de la dite ville ou de la côte du Rhône, en Languedoc, pour la destination de la ville de Bordeaux, que préablement et avant l'embarquement et le déplacement des dits vins, ils ne soient munis d'un certificat des dits maire et consuls, faisant mention de la vérification par eux faite de la qualité du vin, du cru où il aura été recueilli, des noms des vendeurs et acheteurs, des lieux de la destination, de la quantité de l'envoi sur les certificats de jauge qui doivent en faire mention, de la marque imprimée sur les tonneaux des lettres CDR, ainsi que de l'année où ils auront été marqués, conformément à la délibération du 10 septembre 1737; lesquels certificats des maire et consuls contiendront un délai fixe et proportionné à la distance des lieux pour le transport des dits vins, avec la clause que, le dit délai passé, les dits certificats seront de nulle valeur; permettons néanmoins aux dits commissionnaires, en cas qu'ils dévient les envois de leurs vins, de requérir, avant le déplacement d'iceux, autant de certificats qu'il y aura de différentes destinations....

Cette ordonnance sera exécutée, lue, publiée et affichée à la diligence des maire et consuls partout où besoin sera.

Fait à Montpellier, le 29 novembre 1751.

Signé . De Saint-Priest [1].

En dehors de l'intérêt particulier des habitants, la communauté avait un autre motif de maintenir, par tous les moyens, la réputation si justement méritée des vins récoltés sur le terroir de Roquemaure. Ils étaient pour elle le « Sésame ouvre-toi » qui la faisait pénétrer dans les bonnes grâces des hauts personnages dont elle sollicitait les services. En voici quelques exemples :

Le 4 mai 1623, elle offre à M. de Virens, agent des affaires de Mme la duchesse de Guise, en remerciement de services rendus, deux bouteilles (dames-jeannes) de bon vin.

La même année, elle fait cadeau à M. le conseiller Savran, à Nimes, qui avait écrit en sa faveur au seigneur de Vallarsey et à M. le baron de Pérault, de trois carafes de vin prises sur la vigne d'Étienne Raymond Durand.

En 1627, M. le marquis de Portes, étant venu à Roquemaure, prit logis en la maison de M. de Granjat, juge, avec le baron de Dizinieu ; on leur envoya six pichets et une feuillette de vin pour qu'ils favorisassent le délogement des gens de guerre, dont le séjour prolongé constituait une lourde charge pour les habitants.

Dans le même temps, une députation de la ville se rend à Marseille, auprès de Mgr de Guise, pour lui porter six tonneaux de vin et lui adresser la même requête. Les députés, à leur retour, offrent cinq grandes bouteilles au marquis de Réguis, logé à Roquemaure chez M. Démarès, et deux à M. de Grand, capitaine des gardes du prince.

Ces offrandes contribuèrent-elles à faire accueillir favorablement les suppliques des habitants du pays ?

---

1. Cette ordonnance fut imprimée par Seguin, imprimeur à Avignon, qui se fit payer 12 livres.

Au commencement de l'année 1628 parut l'ordre du jour suivant :

Le prince de Condé, premier prince du sang, premier pair de France, lieutenant général pour le roi en ses armées du Languedoc, Dauphiné, Guyenne, à vous colonels, maistres de camp, capitaines, chefs et conducteurs de gens de guerre tant de cheval que de pied, de quelque nation qu'ils soient, salut :

Nous prions ceux qui sont après et commandons à tous autres sur lesquels notre pouvoir et autorité s'étend, de ne loger en troupes ou séparément dans la baronnie de Roquemaure, les appartenances ou dépendances du domaine de Madame la duchesse de Guise, ni en icelle baronnie et tout ce qui en dépend, prendre, piller fourrages, ni emporter aucune chose qui en soit, si ce n'est de gré à gré et en payant raisonnablement ; ayant, à cette fin, la dite baronnie prise et mise en la protection, sauvegarde du roi et la nôtre spéciale, avec pouvoir de faire mettre et apposer aux lieux et endroits les plus éminents de la dite baronnie les panonceaux de nos armes.

Thoulouze, 21 janvier 1628. *Signé :* Henri DE BOURBON.

En 1637, une autre députation va remercier l'évêque d'Uzès, de passage à Bagnols, des services qu'il a rendus à la ville auprès du duc d'Halluin, relativement à l'exemption du logement des gens de guerre et lui porte en témoignage de reconnaissance six boîtes de confiture, quatre grandes bouteilles de vin blanc de 36 pichets chacune. Monseigneur se montre très touché de cette attention et promet de servir la communauté en toute occasion.

En 1646, le consul se rend auprès du maréchal de Schomberg, au Saint-Esprit, pour lui demander le départ de trois compagnies d'infanterie logées à Roquemaure par ordre du comte du Roure et de Grisac, lieutenant général en Languedoc, et, pour appuyer sa démarche, lui fait porter un barral de vin clairet et 30 pichets de vin blanc. Le 27 avril, le maréchal envoie de Balaruc l'ordre à ces compagnies de partir de Roquemaure pour se rendre à Aramon, et le 28 mai 1647, on reçoit de Paris la notification suivante :

De par Mgr fils de France, oncle du roy, duc d'Orléans, lieutenant général de Sa Majesté dans toute l'étendue des provinces de son royaume, nous défendons à tous de loger, ni souffrir être logés aucuns des gens de guerre dans la baronnie de Roquemaure située en Languedoc, appartenant à notre très-chère, très-amée belle mère la dame duchesse de Guise, ayant pris et mis la dite baronnie et tout ce qui en dépend en la protection et sauvegarde de Sa Majesté et la nôtre, permettant, à cette fin, à la dite dame de Guise mettre et apposer nos armes et écussons en tels endroits que bon lui semblera.

Paris, le 28 mai 1647.   BOURBON.

En 1652, M. de Pradines écrit à M. de Chazel, conseiller et procureur du roi au siège royal de Roquemaure, qu'il s'est beaucoup occupé aux États des réparations à faire aux pallières de la ville. « Les évêques, lui dit-il, s'y sont montrés favorables, quoique la réussite de cette affaire leur paraisse difficile. Il lui conseille de les y intéresser davantage en leur envoyant du bon vin de Roquemaure. Je leur ai promis, ajoute-t-il, que je leur ferais faire présent des produits du terroir que nous les prions de conserver, eux qui ont du vin pitoyable. Cette petite reconnaissance, présentée à propos et de bonne grâce, les peut « eschauffer » à nous accorder avec plus d'avantage ce que nous désirons d'eux. Envoyez-leur deux charges de notre bon vin et quelques chapons, s'il s'en trouve de bien gras ».

En 1691, il s'élève une contestation assez sérieuse entre la ville et le comte d'Harcourt, seigneur engagiste de la baronnie. Le consul lui écrit une lettre que, dans sa colère, il lui renvoie sans la décacheter. On lui demande alors de recevoir une députation des principaux habitants qui viendront lui présenter la défense de la ville ; il s'y refuse formellement et fait répondre que, puisqu'elle ne veut pas se soumettre il ne la regardera jamais d'un bon œil. La rupture est complète. Alors l'envoyé du consul lui écrit : « Je crois que six petits tonneaux de bon vin et un petit baril de notre bonne huile vous aideraient beaucoup à faire la paix avec lui. C'est un bon prince au fond. » Le conseil fut suivi et la réconciliation eut lieu.

J'en passe et des meilleurs.

Ainsi, à ces époques-là, nos vins étaient assez estimés pour que les plus hauts personnages les acceptassent avec une complaisance marquée. L'hommage tout gracieux qui leur en était fait n'avait, je pense, rien de commun avec ce qu'on a appelé depuis :

pots de vin. C'était, si j'ose m'exprimer ainsi, la goutte qui faisait déborder le vase des faveurs.

Puis vint le temps où nos pampres dégénérés ne donnèrent plus qu'un breuvage écœurant qui se décomposait souvent dans nos celliers et qu'on n'aurait osé offrir à personne. A cette heure, nous assistons à la renaissance des anciennes traditions viticoles. Les propriétaires avisés s'appliquent à les remettre en honneur, et, grâce à elles, nos vignobles, avant peu, redeviendront dignes de leur réputation séculaire.

www.ingramcontent.com/pod-product-compliance
Lightning Source LLC
Chambersburg PA
CBHW070746210326
41520CB00016B/4602